Miwon Lecture

# 교육과 인류의 미래

# 교육과 인류의 미래

초판1쇄 인쇄 2011년 1월 25일
초판1쇄 발행 2011년 1월 31일

엮은이 미원렉처 편집위원회
펴낸이 조인원
펴낸곳 경희대학교 출판문화원

책임편집 이해미
편집 김성률
디자인 김다혜(표지), 에테르(본문)
행정 최선희
마케팅 박영휘
물류 장세정
인쇄 새한문화사

주소 서울시 동대문구 회기동 1번지
전화 02-961-0106~8, 팩스 02-962-8840
설립 1960년 9월 16일 제5-8호
등록 1977년 11월 8일 제6-5호
홈페이지 www.khupress.com
전자우편 press@khu.ac.kr



ISBN 978-89-8222-381-5 03300

Miwon Lecture

Paul Kennedy Education and the Future of Humankind

# 교육과 인류의 미래

미원렉처 편집위원회 編

경희대학교 출판문화원

이 책은 2010년 2월 26일 경희대학교 평화의 전당에서 개최한 미원렉처美源Lecture에서 예일대학교 석좌교수이자, 경희대학교 석학교수인 폴 케네디Paul Kennedy 교수가 '교육과 인류의 미래'라는 주제로 강연한 내용을 담았습니다.

**Miwon Lecture**

미원렉처美源Lecture는 경희대학교 설립자 조영식 박사의 호 '미원美源'을 따서 이름 지은 특별 강연입니다. 경희대는 '문화세계의 창조'를 창학정신으로, '학문과 평화'의 전통을 면면히 이어오고 있습니다. 앞으로 미원렉처Miwon Lecture는 세계적인 국내외 석학 및 전문가, 실천인을 강사로 초빙해 우리 사회와 인류문명의 새로운 안목, 평화로운 미래를 열어갈 것입니다.

# 책을 펴내며

종전에 대학은 특정 국가와 지역에 국한돼 있었다. 지리적·물리적으로 제한된 공간이었다. 그러나 과학화·정보화·세계화가 급속히 진행됨에 따라 21세기 대학은 열린 지구적 공간으로 탈바꿈하고 있다. 학문과 세계, 학문과 자연의 만남을 주선하는 공간으로 거듭나고 있다. 과거와 같이 교육, 연구, 사회적 실천을 각기 분리해 영역별 독립성을 주장하는 것은 설득력을 잃는다. 연구와 결부된 교육, 교육과 결부된 실천, 실천과 결부된 연구가 중요하다. 대학은 새로운 패러다임과 함께 연구, 교육, 실천, 봉사의 창의적 통합을 이뤄내야 한다.

미원렉처는 이러한 고민 속에서 나왔다. 대학이 급격한 변화를 요구받는 시점에서 학생들을 어떻게 교육해야 할지, 21세기 인류가 직면한 문제를 어떻게 풀어나가야 할지를 세계적인 석학, 전문가, 국제사회 지도자, 시민사회 실천인 등과 함께 고민해 보자는 취지에서 마련되었다. 경희대학교의 교육철학 '학문과 평화', '문화세계의 창조'를 미원렉처를 통해 발전시켜 나가고자 한다.

미원렉처 시리즈 첫 번째 연사는 예일대학교 폴 케네디 교수다. 역사학자이자 글로벌 거버넌스와 국제관계 분야에 탁월한 연구 업적을 쌓아온 세계적 석학이다. 이번에 '교육과 인류의 미래'라는 주제로 인간을, 세상을 더 많이 알기 위해 교양교육의 강화를 역설했다. 우리 대학인들이 깊이 고민해야 하는 주제다.

학문과 평화, 이 모든 것을 만들어 내는 것은 사람이다. 생명체인 사람, 우주의 일부인 사람, 크고 작은 공동체의 일원인 사람, 이처럼 다양한 국면의 사람을 연구하고 공부하는 것이 그 무엇보다 중요한 과제다. 이것이 교양교육의 요체다. 인간주의·인본주의에 바탕을 두고 사람의 의식과 행동이 야기하는 사회 현상을 근본적으로 성찰해야 한다. 현재 이뤄지고 있는 대학교육의 패러다임 변화를 위해 대학이 무엇을 준비해야 하고, 학생은 무엇을 공부해야 하는지 뒤돌아보는 기회가 될 것이다.

미원렉처가 세계의 주역이 될 젊은이들이 미래를 설계하고 실천해 가는 데 나침반 역할을 할 수 있기를 기대한다.

2010년 12월

미원렉처 편집위원회

# 차례

# 인생에서
# 가장 중요한 장

Miwon Lecture

폴 케네디 조인원 총장님, 부총장님, 동료 교수 그리고 2010년도 신입생 여러분, 안녕하십니까.

2009년 경희대 초청 토론회에 참석한 이후 다시 방문하게 되어 매우 기쁩니다. 그리고 '교육과 인류의 미래'라는 중요한 주제로 여러분과 함께 생각을 나눌 수 있어서 영광입니다.

특강에 앞서 신입생 여러분께 축하한다는 말씀을 드리면서 시작하겠습니다. 여러분은 긴 인생에서 중대한 경계선들 가운데 하나를 이제 막 건넜습니다. 여러분의 교육 노정에서 새로운 장章, 아마도 평생 가장 중요한 장을 열고 있습니다. '전인교육'에서 말하는 '전인fully rounded human person'은 인간이 지닌 모든 자질을 조화롭게 발달시킨다는 사전적 의미 외에도 평생에 걸쳐서 교육을 받는 사람을 가리킵니다. 유아교육, 아동교육, 초등교육, 고등교육, 전문교육, 성인교육, 심지어 은퇴자를 위한 교육까지 이야기되곤 합니다. 이처럼

미원렉처 '교육과 인류의 미래' 강연, 2010년 2월

배우고자 하는 사람에게 교육은 결코 멈추지 않습니다.

그렇다면 왜 대학생활을 막 시작한 여러분께 지금 이 시점이 여러분 인생에서 가장 중요한 장이라고 말씀드렸을까요?

어제, 이 강연 원고를 읽으면서 문득 기독교 성인 사도 바울Paul을 떠올렸습니다. 폴이라는 내 이름과 같기도 하지요. 그가 로마의 감옥에 갇혔을 때 신도들에게 보내는 한 서한에서 이렇게 썼습니다.

"내가 어렸을 때는 아이처럼 행동하고 아이처럼 생각했으나, 이제는 성인이 되었으니 성인처럼 행동하고 성인처럼 생각해야 한다."

물론 나는 오늘같이 특별하고 기쁜 날, 사도 바울처럼 진지하고 무거운 이야기를 하지는 않겠습니다. 하지만 말씀드리고 싶은 것은 여기 경희대학교에 입학한 여러분께 우리가 거는 기대가 이전 성장 과정에서 받았던 것과 사뭇 다른 성격을 띤다는 것입니다. 사고하는 방식도, 여러분이 던지는 질문의 성격도 바뀌어야 하며, 질문에 대해 답을 찾아가는 방법 또한 바뀌어야 합니다. 사유 방식이 변해야만 더 높은 수준의 교육과 이해가 가능하기 때문입니다.

조금 더 자세히 설명해보겠습니다. 앞서 말한 각각의 교육 단계마다 기대 수준이 다릅니다. 그뿐이 아니지요. 성취해야 할 목표도 다르며, 교육자가 학생에게 기대하는 바도 다릅니다.

> 여러 교육 단계를 거치면서 그때마다 달성해야 할 목표나 교육자가 학생에게 거는 기대가 다릅니다. 대학에서는 이전의 인식 방법, 사유 방식을 뛰어넘어 완전히 다른 사유 방식을 익히게 될 것입니다.

여러분의 어린 시절을 되돌아보세요. 유치원교육은 사실 사회화교육입니다. 다른 아이들과 어떻게 사귀어야 하는지, 친구들과 어떻게 여러 가지를 나누어야 하는지를 배우는 과정이지요. 또 글 읽기, 셈하기, 그리기, 완전한 문장으로 말하기 등을 배우기 시작하는 때이기도 합니다. 여러분 중에는 당시 바이올린을 처음 배운 사람도 있을 것이고 팀을 짜서 공놀이를 처음 해 본 사람도 있을 것입니다. 그 후 여덟 살, 열 살, 열네 살, 열여섯 살이 되면서 점점 더 많은 것을 배우게 됩니다. 언어나 컴퓨터, 과학 같은 것을 말이지요.

## 반복 학습을 뛰어넘어 사고 전환 필요

여러분도 인정하시다시피 이러한 교육의 상당 부분은 '반복 학습'입니다. 끊임없는 반복을 통해서 배운 바를 인식해야 하고, 또 그동안 공부하고 축적한 데이터베이스를 시험을 통해 확인 받습니다. 정확한 질문에 정확한 답을 내기 위해 열심히 노력하는 과정이지요. 이

제까지 여러분이 공부한 과목에서는 이처럼 특정 질문에 특정 답을 내는 것이 맞습니다. 수학 문제에는 정답이 하나밖에 없습니다. 2 더하기 2는 4일 뿐 다른 정답이란 있을 수 없습니다. 마찬가지로 프랑스어의 어떤 단어를 철자에 맞게 쓰는 방법도 하나밖에 없습니다. 따라서 정확한 정답이 무엇인지 끊임없이 배우고 또 배워야 합니다.

교육의 상당 부분은 '반복 학습'입니다. 끊임없는 반복을 통해서 배운 바를 인식해야 하고, 또 그동안 공부하고 축적한 데이터베이스를 시험을 통해 확인 받습니다.

어찌 보면 다음 교육 단계에서도 크게 다르지 않습니다. 정형외과 의사 혹은 간호사가 되기 위해 공부를 하고 있다면 인체의 모든 뼈, 모든 혈관에 대해서 정확히 알아야 합니다. 토목 기사가 되기 위해서는 철제 대들보의 정확한 중량과 길이, 그리고

> 여러분은 교육 노정에서 새로운 장章, 아마도 평생 가장 중요한 장을 열고 있습니다. 인간은 긴 생애에 걸쳐 교육을 받습니다. 배우고자 하는 사람에게 교육은 결코 멈추지 않습니다.

공차公差 범위 등에 대해 전문가가 되어야 합니다. 그러지 못하면 토목 기사로서 제 역할을 못하게 될 것입니다. 살다가 언젠가 베르디Giuseppe Verdi나 로시니Gioacchino Rossini의 오페라에 나오는 대사의 뜻을 알고 싶다는 생각이 들어서 이탈리아어를 배우기로 한다면 또다시 정확하게 배우는 과정이 필요하겠지요.

하지만 학부 교육 과정에서 여러분들은, 적어도 여러분 중 일부는 완전히 다른 사유 방식을 익히게 될 것입니다. 바로 이 점 때문에 여러분들이 중요한 분수령을 넘어섰다, 새로운 장을 맞았다고 말씀드리는 것입니다.

# 인간에 대한
# 이해의 길, 대학

폴 케네디 '완전히 다른 사유' 란 무엇일까요? 불확실성, 도덕적 선택이나 철학, 어려운 정치적 선택, 전쟁과 평화, 대안적인 경제 정책, 역사적 교훈 등에 대해 생각하는 것입니다. 어떤 책이 왜 위대한 명작으로 꼽히는가, 즉 단순히 좋은 책이 아니라 진정 위대한 명저가 되는 요소는 무엇인가에 대해 생각하는 것입니다. 이 모든 것들은 부정확한 주제입니다. 하나의 정답이 정해져 있는 것이 아니라 여러 가지 답 속에서 고민해야 합니다. 여기에는 절대 선도 절대 악도 없습니다. 이는 쉽지 않은 일입니다. 슈퍼컴퓨터 만드는 걸 배우는 것보다 훨씬 더 어렵습니다. 왜냐하면 세상에서 가장 복잡한 존재인 인간에 대해 배우는 일이기 때문입니다.

물론 대학에 들어왔다고 해서 지금까지 해왔던 자료를 축적하는 식의 교육을 중단하는 것은 아닙니다. 여러분은 아마 외국어 학습이나 컴퓨터 학습도 더 할 것이고, 기술적인 작업도 더 많이 할 것입니다. 다

지식은 한 세대에서 다른 세대로 전수되어야만 하는 것입니다. 지식은 미래로 전진해 나아가야 합니다. 이것이 가장 잘 진행될 수 있는 방법은 대학이라는 독특한 제도에 있습니다.

좋습니다. 그런데 이렇게 생각해보는 건 어떨까요? 원한다면 외국어 학습은 외국어 학원을 다니면서 더 할 수도 있습니다. 회계를 배우고 싶다면 저녁 때 회계 학원에서 수업을 들을 수도 있겠지요. 대형 컴퓨터 학원에서 전산학 과정이나 워드프로세서 과정을 수강할 수도 있고, 거대한 호텔 체인에 입사해서 호텔 경영을 공부할 수도 있습니다.

여러분은 이런 부가적 지식만을 얻기 위해 대학에 온 게 아닙니다. 여러분은 뭔가 다른 걸 얻길 위해 대학에 온 것입니다. 여기 계신 총장님이 여러분에게 바라는 바도 그렇습니다. 여러분은 인간의 본성을 어떻게 해석할지에 대해 배우기 시작하려고, '시작' 이라는 말을 강조하겠습니다, 여기 대학에 온 것입니다.

대학이 처음 설립된 것도 바로 이러한 이유 때문입니다. '지식 습득' 이라는 총체적 발상이 딱히 서구적이고 기독교적인 것만은 아닙니다. 유교나 유대교, 그리스·로마 등 과거의 위대한 문명은 모두 교육 자체의 중요성을 강조하고 또 존중했습니다. 교육은 단순히 인간 개개인의 사고에 자양분을 공급하는 데 그치지 않고, 굉장히 복잡하면서도 경이로운 이 세상을 이해하는 데 도움을 주기도 했습니다. 이러한 분석적 지식이야말로 지구상에 존재하는 모든 종으로부터 인간을 구별하는 중요한 요소입니다.

연설문에는 적지 않았습니다만, 이 문장에 대해 한 번 더 생각해봅시다. 코끼리가 외국어를 공부합니까? 양이 컴퓨터를 다룰 수 있을까요? 물고기가 철학 책을 쓸 수 있습니까? 매가 역사를 공부할까요? 정보를 조직하고 이해하며 계산할 수 있는 이 모든 분석 능력을 가진 것이 바로 인간입니다.

하지만 지식이라는 것은 나뭇가지에 달린 사과와는 다릅니다. 한 세대에서 다른 세대로 전수傳受되어야만 하는 것이지요. 지식은 미래로 전진해 나아가야 합니다. 이것이 가장 잘 진행될 수 있는 방법은 대학이라는 독특한 제도에 있습니다. 대학에서 가르치는 교수님들, 그리고 거기서 교육을 받는 학생들, 바로 여러분을 통해서 이뤄지는 것입니다.

인류의 미래는 다른 무엇보다도 교육에 달려 있습니다.

## 스스로 답을 찾게 하는 대학 교육

최초의 근대적인 모습을 갖춘 대학의 역사는 750년 정도로 거슬러 올라갑니다. 이탈리아의 볼로냐대학Bologna, 영국의 옥스퍼드대학Oxford, 폴란드의 크라쿠프대학Krakow, 스페인의 살라망카대학Salamanca, 그리고 프라하대학Prague 등이 그렇습니다. 이 대학들이 무엇을 했을까요? 신학, 철학, 논리학, 수학, 물리학과 같은 여러 학문 분야를 만들었습니다. 교수라는 직업도 만들고 학과와 학부를 설립했습니다. 학생들에게 어떤 지식을 가르칠지 그 내용을 담은 최초의 교수요목syllabus도 만들었습니다. 무엇보다 중요한 것은 대학에서 이뤄질 여러 방법론을 개발했다는 점입니다. 강의, 대조 실험, 학문적 논쟁, 연구, 시험 제도, 트레이닝, 사고교육 등 다양한 방법론을 고안해냈습니다. 바로 이것이 현재 모든 대학이 하고 있는 일이며 또 해야만 하는 역할입니다. 볼로냐대학이든 옥스퍼드대학이든 예일대학Yale이든 경희대든 마찬가지입니다.

"무엇이 옳은지 자네 스스로 알아내야 하고, 왜 그렇게 생각하는지 이유를 설명할 수 있어야 하네."

신입생이 처음 대학에 들어오면 아마 어려움을 겪게 될 것입니다. 자유 시장을 옹호하는 경제학 저서를 읽는가 하면 반대로 시장 통제를 주장하는 경제학 저서도 읽게 됩니다. 그러면 아마 교수님께 무엇이 맞는지 물어보겠지요. 그런데 교수님들은 여러분에게 이렇게 대답하실 겁니다. "무엇이 옳은지 자네 스스로 알아내야 하고, 왜 그렇게 생각하는지 이유를 설명할 수 있어야 하네"라고 말입니다.

또 하나 예를 들어보겠습니다. 전쟁은 절대 안 된다는 절대적 평화주의를 주장하는 저서를 읽다가 반대로 국가 방위의 필요성을 역설하는 전문서를 접하면서 혼란스러워지지요. 교수님께 어떤 논리가 맞는지 가르쳐달라고 하면 교수님은 여러분 스스로 판단하라고 할 것입니다. 이렇게 어려운 질문들에 대해 스스로 해답을 찾아내는 능력을 길러주는 것이 대학이 여러분에게 줄 수 있는 가장 큰 선물입니다. 새로운 언어나 새로운 소프트웨어 응용 프로그램을 가르치는 것이 아니라, 복잡다단한 인간과 이 세계를 이해하는 능력을 키워주는 것이 대학의 역할입니다.

# 인류의 미래에
# 희망을 주는 대학

폴 케네디 중요한 이야기를 하나 더 말씀드릴까 합니다. 지혜롭게 가르치고 올바르게 흡수된 지식은 '선善'으로 이어집니다. 역사, 외국문화, 생물학, 공중 보건, 환경 등 어떤 지식이든 그것은 중요하지 않습니다. 하지만 반대로 편견이나 부정확성, 잘못된 방법론으로 인해 왜곡된 지식이나, 편협한 관점과 고정관념에 싸여 얻어진 지식은 부정적인 영향을 끼치게 됩니다. 여러분처럼 대학에 처음 입학한 학생들은 활기차고 호기심도 많지만 두려움도 큽니다.

열여덟 살 나이로 뉴캐슬대학교Newcastle에 입학했을 때 저도 굉장히 두려웠습니다. 학생들의 두려움을 잘 보살펴 주는 것이 대학, 특히 교수님의 역할입니다. 어떻게 해야 더 잘 사고할 수 있는지, 적절한 질문을 어떻게 할 수 있는지, 데이터는 어떻게 수집하고 분석하는지, 논쟁을 어떻게 구성하는지, 올바른 지식과 거짓 지식을 어떻게 구분할 수 있는지 잘 가르쳐야 합니다. 대학이 이러한 역할을 제대로 수행

현명하게 가르치고 올바르게 흡수된 지식은 선善으로 이어집니다. 역사, 외국 문화, 생물학, 공중 보건, 환경 등 어떤 지식이든 그것은 중요하지 않습니다. 하지만 반대로, 편견이나 부정확성, 잘못된 방법론, 편협한 분석으로 인해 왜곡된 지식은 나쁜 결과를 가져오기 쉽습니다.

할 때 비로소 사회가 대학에 거는 기대를 충족할 수 있을 것입니다. 한 단계 더 나아가, 대학이 이러한 역할을 잘 수행하면 인류의 미래에 희망을 주는 것입니다.

100년 전 영국의 석학이자 소설가 허버트 웰스Herbert G. Wells는 "20세기는 교육과 재앙의 전쟁터가 될 것"이라고 이야기했습니다. 웰스는 그 전쟁에서 교육이 이기기를 바랐지만 현실은 그러지 못했습니다. 100년 전인 1910년, 1911년에 옥스퍼드대학Oxford과 케임브리지대학Cambridge, 파리대학Paris, 베를린대학Berlin에 신입생들이 입학했습니다. 그런데 3~4년이 지난 1914년, 이 학생들이 대학을 졸업하고 어디로 갔습니까? 제1차 세계대전 전장으로 향했습니다. 호전적 기술과 국수주의적·인종차별적 사고, 화려하게 거짓 포장된 비뚤어진 지식이 이성과 균형, 상호 이해를 제쳐버린 것입니다.

오늘날 좀 더 확장된 대학 세계, 훨씬 커진 지식 세계에 몸담고 있

대학에 처음 입학한 학생들은 활기차고 호기심도 많지만 두려움도 큽니다.

는 모든 구성원이 맡은 임무, 교수와 학생은 물론 과거에 대학교육을 이수한 모든 사람들이 수행해야 할 임무 가운데 하나는 인간의 조건을 이해하는 것입니다. 21세기 우리 인간의 조건, 불확실성, 우리의 강점과 약점을 더 잘 이해해야 합니다. 우리의 미래, 그리고 우리 후손들의 미래는 바로 여기에 달려 있습니다. 인류의 미래는 다른 무엇보다도 교육에 달려 있습니다. 감사합니다.

# 인문교육과 실용교육의 공존

Miwon Lecture

학생 안녕하세요. 호텔관광대학 관광학부에 입학한 김영미입니다. 최근 한국의 대학들은 실용교육에 집중하고 있습니다. 취업에 필요한 학문과 교양만을 강조한 나머지, 대학이 취업 준비 학원으로 전락하는 게 아닌가 하는 느낌이 듭니다. 미국의 대학들은 어떤지, 그리고 이러한 추세에 대해 케네디 교수님께서는 어떻게 생각하시는지 듣고 싶습니다.

폴 케네디 아주 좋은 질문을 해주셨습니다. 미국에서도 늘 나오는 질문이지요. 교육이 인간의 사고방식에 대한 훈련일까요? 아니면 미래의 직업을 위한 지식의 축적과 실용적 훈련일까요? 여러분의 부모님들은 대부분 후자, 즉 실용적인 교육을 원하십니다. 졸업 후 여러분들이 취업을 잘했으면 하는 바람이시지요. 여러분이 사회학이나 역사학

대학에서는 본인이 하기에 따라 실용적 · 기술적인 측면 외에, 지성의 다른 측면도 아울러 계발할 수 있습니다.

을 전공하겠다고 말씀드리면 부모님들이 걱정하실 겁니다. 이것이 현실입니다.

사실 고등교육의 광범위한 스펙트럼을 담당하기 위해서 여러 유형의 기관이 공존합니다. 그중 일부는 실용적인 직업교육을 강조하고, 또 다른 곳에서는 문화적 · 이론적 측면을 강조합니다. 질문한 학생처럼 호텔경영이나 관광경영 분야에서 공부하는 학생에게는 이렇게 말씀드리고 싶습니다. 이곳 경희대학교 학생들은 두 가지를 다 누릴 수 있다는 것입니다.

일단 미래의 직업을 위해 실용적 교과 과정을 이수할 수 있지요. 게다가 학생은 호텔경영 학교에 다니는 게 아니라, 훨씬 다양한 연구 문화와 인문적인 교양교육을 중시하는 대학교에 다니고 있거든요. 따라서 단순한 호텔경영 전문학교에서 기대할 수 없는 것까지 이곳 경희대에서 누릴 수 있습니다. 캠퍼스에서 향후 직업을 위한 기술적인 교육도 받고, 문화교육도 받는 것입니다.

조인원 총장님이 의도하고 준비한 바대로 여러분은 저명한 인사들과 함께할 수 있습니다. 유명한 정치 지도자들, 우수한 학자들의 강의를 듣고 멋진 콘서트에도 참석할 수 있지요. 실용적·기술적인 측면 외에, 여러분 지성의 다른 부분도 아울러 계발할 수 있습니다. 이렇게 생각하면 어떨까요? 여러분

'교육과 인류의 미래'를 주제로 강연하고 있는 폴 케네디, 2010년 2월

은 원하는 것을 모두 가진 상태입니다. 경희 캠퍼스 내에서 향후 직업이 약속되는 기술적인 교육도 받고 문화교육도 받는 것입니다. 굉장하지 않습니까.

# 인문교육과 과학교육

학생 안녕하세요. 저는 이과대학 물리학부 박영현입니다. 교육과 인류의 미래에 대한 좋은 말씀 잘 들었습니다. 인류의 미래를 위한 교육이라고 할 때, 교육이 기초 과학 영역에 초점을 두는 것이 좋을지 아니면 문화 측면에 초점을 두는 것이 좋을지 궁금합니다. 교수님께서는 어떻게 생각하십니까?

폴 케네디 네, 굉장히 좋은 질문입니다. 모든 교육자들이 받는 질문이고 이에 대해 나름의 결정이 필요합니다.

반갑게도 어느 쪽에 '초점을 두어야' 하느냐고 질문하셨지요. '초점을 둔다'는 것은 어느 한쪽에 더 큰 관심을 두지만 다른 것을 포기하는 것이 아니라 여전히 이를 포괄한다는 것입니다. 수백 년 동안 대학 교육을 연구한 전문가들도 이 점에 대해 논쟁을 벌여왔습니다. 대

초점을 둔다는 것은 어느 한 쪽에 더 관심을 두지만 다른 것을 포기하는 것이 아니라 여전히 이를 포기한다는 것입니다.

학 교육이 훌륭한 사상가나 평론가나 소설가들의 위대한 사상에 대한 교육이어야 하는가, 아니면 과학이나 의학, 물리학의 진보를 위한 교육이어야 하는가 하는 논쟁 말입니다.

때로는 새로운 개념의 대학이 설립되기도 했습니다. 19세기 때 일입니다. 산업혁명이 도래하면서 과학자와 기술자들을 훈련시키는 것이 중요해졌는데, 기존 대학들이 이를 방기하면서 새로운 대학이 필요해진 것입니다. 이 경우 과학 연구와 인문학적 연구를 구분하는 위험에 빠질 수 있지요.

영국의 석학 찰스 스노Charles P. Snow에 대해 이야기해볼까요? 스노 박사는 천재였습니다. 『학장들*The Masters*』, 『권력의 중심*Corridors of Power*』 등 열네 편의 소설을 썼는데 모두 베스트셀러가 되었는가 하면 영국 정부의 과학 자문위원장을 맡기도 했습니다. 과학자이면서 동시에 소설가였던 것입니다. 런던에서 '두 개의 문화two Cultures' 라는 아주 유명한 강연을 한 적도 있습니다. 대부분의 대학 행정가들은 과학적 접근법과 인문학 접근법이 공존하는 스노 박사의 저작들에 대해 훤히 알고 있지요. 스노 박사는 인문학 분야의 사람들이 과학에 무지하다는 점을 늘 우려했습니다. 인문주의자들이 정치 지도자도 되고 경영자도 되지만 과학에는 문외한이라는 것입니다. 반대로 과학 영역의 교육이 너무 편협하게 진행되면서 과학자들 역시 정치나 외국 문화, 국제 정세를 너무 모르는 것도 문제라 보았습니다. 그런 점에서 스노 박사는 과학과 인문예술 간의 간극을 줄일 수 있는 여러 해법이 필요하다고 대학 행정가들에게 역설했습니다.

예일대도 그렇고 대부분의 미국 대학은 이러한 점을 고려하여 4년간의 대학교육 중 2년을 교양교육에 집중합니다. 영역별로 교차되는

수백 년 동안 대학교육에 대해 연구한 전문가들도 대학교육이 훌륭한 사상가나 평론가, 소설가들의 위대한 사상에 대한 교육이어야 하는가, 아니면 과학이나 의학, 물리학의 진보를 위한 교육이어야 하는지에 대해 논쟁을 벌여왔습니다.

필수과목 같은 것이지요. 예를 들어 모든 학생들은 외국어 강의를 들어야 하고, 인문계 학생들은 일련의 이과 계열 수업을, 이과 계열 학생들은 사회과학이나 예술 쪽의 몇몇 강의를 반드시 수강해야 합니다. 이 강의들은 상대 전공 학생들이 이해하기 쉽도록 따로 설계됩니다. 이렇게 2년을 보낸 후 3학년부터 비로소 전공 수업을 듣고 4학년에 가서 훨씬 더 전문화된 과정을 공부합니다. 내가 가르치는 예일대 역사학과 학생들도 3학년 때 역사 관련 전공 수업을 듣기 시작하고, 그전에 다양한 과학 및 사회학 과목을 듣습니다. 이과 쪽 학생들도 외국어는 물론 철학, 사회학, 신학, 문화학 수업을 들어야 합니다.

답변이 너무 길어진 것 같군요. 그만큼 핵심적인 질문이었습니다. 우리처럼 고등교육을 담당하는 사람들에게 시사점이 큰 질문입니다.

# 균형 잡힌 교양 과정과 선택과목

학생 저는 국제학부 엄영선이라고 합니다. 교수님의 강연을 듣게 되어 영광입니다. 좀 가벼운 질문을 드리겠습니다. 경희대학교가 올해 교양 과정의 선택과목들을 새로이 개편하는 중이고, 교수님께서도 거기에 적극 참여하신다고 들었습니다. 선택과목에 대해 어떻게 생각하시는지, 그리고 학생들을 위해 어떻게 개선되는 것이 바람직하다고 보시는지 여쭙고 싶습니다.

폴 케네디 글쎄요. 질문한 내용 가운데 마지막 말은 어폐가 있는 것 같습니다. 학생을 위해 가장 좋은 것을 누가 판단하는가 하는 문제 때문이지요. 학생들입니까? 아니면 커리큘럼을 짜는 교수들입니까?

인문학 분야든 과학 분야든, 특히나 과학 분야에서는 대학에서 절대적으로 필요한 과목들이 분명 있습니다. 수학을 전공하려면 거시경

'전인교육'에서 말하는 '전인fully rounded human person'은 인간이 지닌 모든 자질을 조화롭게 발달시킨다는 사전적 의미 외에도 평생에 걸쳐서 교육을 받는 사람을 가리킵니다.

제학이나 미시경제학에 대한 과목을 들어야 합니다. 선택과목들은 부차적이지요. 법학 분야에도 반드시 수강해야 되는 기본 과목들이 있습니다. 문학의 경우는 모두 선택과목으로 돌릴 수 있지 않나 하실 겁니다. 하지만 만약 예일대 문학학과에서 4년 동안 서른여섯 개의 문학 관련 선택과목을 수강하는데 그 과목들이 모두 21세기 문학이라면 문제가 되겠지요. 그래서 고전문학, 중세문학, 셰익스피어 문학, 소설, 시, 희곡 등 다양한 과목을 수강해야 한다고 말합니다.

선택과목이 없다면 대학은 굉장히 무미건조해질 것입니다. 학생들은 자신의 관심 영역에 대한 이해도 심화하기 어렵고 오히려 흥미를 잃게 될 것입니다. 옛날 군사학교가 생각나는군요. 예전 군사학교에서는 모든 학생들이 매 학기 정해진 필수과목을 다섯 개씩 들었습니다. 누구도 예외가 없었고 선택의 여지도 없었습니다. 얼마나 지루했을까요?

그런데 관심과 호기심에 맞춰 선택과목을 고르는 데도 균형이 필요합니다. 우리는 여러분들이 호기심에 가득 차고 여러 선택과목들을 이수하기를 바라지만, 무엇보다도 영역별 교차 필수과목과 선택과목을 고루 이수해야 합니다. 선택과목이 집중되어 있는 학문 영역조차 사실은 훨씬 더 넓은 배경과 오랜 시간 축적된 지식, 심도 깊은 맥락을 갖고 있습니다. 필수적으로 필요한

관심과 호기심에 맞추어 선택과목을 고르는 데에도 균형이 필요합니다. 영역별 교차 필수과목과 선택과목을 고루 이수해야 합니다.

것이 무엇이고 선택과목으로 둘 것이 무엇인지에 대해 총장님을 위시한 교육 기획자들은 늘 고민합니다. 언제나 그럴 것입니다.

인간의 지성은 다양한 방향으로 뻗어나갈 수 있습니다. 또 그게 바람직합니다. 모든 인간의 지성이 한 방향으로 나아가면 어떻게 되겠습니까. 그래서 선택과목이 필요하고 중요합니다. 감사합니다.

## 폴 케네디Paul M. Kennedy 약력

1945년 영국에서 태어났다. 예일대학 역사학 석좌교수J. Richardson Dilworth Professor of History이며 동 대학 국제안보연구원International Security Studies 원장을 맡고 있다. 영국 왕립역사학회Royal Historical Society, 미국 철학학회Philosophical Society, 미국 학술원Academy of Arts & Sciences 특별위원으로 활동 중이다. 2009년 3월부터 경희대학교 석학교수Global Eminent Scholar로 초빙되었다.

1988년 『강대국의 흥망*Rise and Fall of the Great Powers*』으로 명성이 알려졌다. 강대국의 재정적자와 군사비 확장의 관계를 역사적으로 분석하며, 소련의 몰락과 미국의 상대적 쇠퇴를 예견해 세계적으로 큰 반향을 불러일으켰다. 뉴욕타임스 최우수 도서로 선정되며 지금까지 전 세계 20개 언어로 번역, 출간되었다. 그 밖에도 20세기에 일어난 전략 환경 변화를 다룬 『전쟁에서 평화로*From War to Peace*』, 『21세기를 준비하며*Preparing for the 21st Century*』, 『영·독 적대관계의 근원*Rise of the Anglo-German Antagonism*: 1860~1914』, 『영국 해군력 절대 우위의 성쇠*Rise and Fall of British Naval Mastery*』 그리고 2006년 출간돼 화제를 모은 유엔을 주제로 한 『인류의 의회*Parliament of Man*』 등이 있다.

Miwon Lecture

# Education and the Future of Humankind

KYUNG HEE UNIVERSITY PRESS

This book is based on the paper presented at the inaugural Miwon Lecture delivered by Dr. Paul Kennedy, Richardson Dilworth Professor of History of Yale University and Global Eminent Scholar of Kyung Hee University, on the subject of "Education and the Future of Humanity." The lecture took place on February 26, 2010, at the Grand Peace Palace, Kyung Hee University.

Miwon Lecture

The Miwon Lecture, named after the pen-name of Dr. Young Seek Choue, the founder of Kyung Hee University, has been instituted to commemorate his lifelong dedication to educate future leaders immersed into humanity and peaceful worlds. The Miwon Lecture Series will continue to provide a venue and podium for eminent scholars and researchers as well as global leaders and social practitioners.

# Preface

In the past, the university belonged to a particular country or region. It was a geographically and physically confined space. However, as we rapidly enter the age of globalization and the information society in the twenty-first century, the university is being transformed into an open global space. It is being reborn as a space that mediates the encounter of scholarship with the world and nature. It is no longer possible to recognize the boundaries between research, education and social practice or to advocate the independence of each area. Education connected to research, research connected to practice, practice connected to education—this is what matters today. Following this new paradigm, universities are now obliged to creatively integrate research, education, practice and services.

The Miwon Lecture Series was born out of this shift in understanding. More specifically, it was launched with a view to sharing knowledge and wisdom with distinguished scholars and experts from around the world, leaders in international society and practitioners of civil society. Some of its main concerns include how to educate students when universities are called upon to change drastically, and how to solve problems that humanity will face in the coming years. Through the Miwon Lecture Series, the educational philosophy that Kyung Hee University has hitherto valued will be developed into a series of lectures consisting of addresses and discussions.

The first speaker of the Miwon Lecture Series was Professor Paul Kennedy of Yale University, a world-renowned historian with distinguished academic achievements in global governance and international economic and political relations. In this lecture, entitled "Education and the Future of Humankind," he stressed the need to intensify a general education for a better understanding of humanity and the world. This is the very topic that our university community today should think over deeply.

It is people who make decisions regarding scholarship and peace, among other aspects of society. To better understand these decisions, it is important to study people in diverse situations—as living bodies, as an integral part of the universe, as members of a small or large community. This is the purpose of a general education. Based on humanism and humanitarianism, it is imperative to consider how people's consciousness and actions result in certain social phenomena. The Miwon Lecture Series will provide an opportunity to reflect on these, and by extension on how universities should prepare for the current paradigm shift in college education and course requirements.

We hope that the Miwon Lecture Series will act as a compass to help guide you in crafting and realizing your future as world leaders.

The Editorial Board for the Miwon Lecture Series

July 2010

Contents

# The Most Important Chapter of Your Life

Paul Kennedy Dear President Choue, fellow professors, and deans of the faculty, vice-presidents and especially members of the incoming class of freshmen, ladies and gentlemen—good afternoon to you all. It is excellent to return to Kyung Hee once again. I am honored to be able to share my thoughts with you about this important topic: education and the future of humankind.

I must begin, by first congratulating the incoming class. You have just crossed one of the great borderlines of your life. You have entered a new chapter in the story of your own education—perhaps the most important chapter of your entire lives. Naturally, a fully rounded human person is being educated all through his or her life. We speak of kindergarten education, of childhood education, of high school and grammar school education, of graduate education, of professional degree education, of adult education—even of education classes for retired people. For those who want to pursue it, education never stops.

Why then is the chapter of your undergraduate education perhaps the most important chapter of your lives? I have to confess to you, ladies and gentlemen, that when I reviewed my lecture I wondered if I would sound like the great but somber Christian apostle Saint Paul in his first epistle to the Corinthians. He wrote, "When I was a child, I spake as a child, I understood as a child, I thought as a child: but when I became a man, I put away childish things." That said, this "Paul" is not going to get as serious as Saint Paul on such a joyful and special afternoon, but I must make this point. Now, you students are no longer children, you are men and women, you must act, speak and understand as men and women. What is now expected of you, here at Kyung Hee, and of what you must strive to do, has changed because of the very nature of your development. Subsequently, your thinking, your questions and your approach to answering these questions must change. To live up to the new expectations that accompany your adulthood, you must reorganize your minds so you can reach the altogether different and much higher levels of education and understanding to which you will be exposed as college students.

Let me explain that a bit further. For each chapter of education in our lives, we have different expectations, different goals, different purposes, and our professors and teachers expect different things of us too. Just think back for a moment to your childhood. Kindergarten education is really about learning how to socialize—how to interact with other little children, how to share—and how to read, count, draw, speak a full sentence. For some of you, it's perhaps about your first Suzuki violin lessons, your first ball games, your first team games. By the time we are eight and ten years old and then fourteen and sixteen years old, the focus is more academic: learning languages, learning computers, learning sciences. But an awful lot of this education—I think you will admit it—is 'repetition' learning. It's recognition learning, it's learning to pass examinations, which are testing the database of information you have acquired and studied. It is about finding the exact answer to an exact question in the subjects you have being studying. There is only one exact answer to a mathematical problem: $2+2=4$. There is no other proper answer. Similarly, there are no two or three ways of spelling a word in the French language, so you must learn and memorize the exact and correct answer.

Now the same is true, if you think about it, of many later education stages. If you are training to be an orthopedic doctor or nurse, you must know exactly all the bones in the human body and all the blood vessels. If you are training to be a civil engineer, you have to become a professional regarding exact stress weights, exact lengths of steel girders, exact levels of tolerance. If you are not a professional and exact about it, you are a bad civil engineer. If again later in life, you decide you want to learn the Italian language, so as to understand the words and meanings of the text of Verde and Rossini's operas, you have once more to learn exact information and recall it precisely.

# University Education: Understanding the Human Being

What is a different form of thinking? Thinking about uncertainty, thinking about moral choices and philosophy. Thinking about what makes a certain book a great novel—not a good novel, not a normal one, but a great novel. Thinking about difficult political choices, thinking about war and peace. Thinking about alternative economic policies. Thinking about the lessons of history. All of this, you see, is grappling with inexact topics, with alternative answers and with in-between answers, rather than the absolute good and bad. This is not an easy endeavor, ladies and gentlemen. In fact, it is much harder than learning about how to build super computers because it is learning about human beings, who are the most complicated things that live on this earth. Of course, by coming to university to acquire a bachelor's degree or equivalent, you will continue to accumulate data as part of your education. You will most likely do more foreign language study, more computer training, more technical work. That is all very good. But think about this a minute. You can do more language training at a language school. You can do more accountancy and accounting classes at an evening accountancy program. You can do more computing at big commercial computing and word processing schools, which have their own word processing courses. You can do more hotel management learning within a big hotel chain. So, you did not decide to attend university to get that sort of additional knowledge only. You came to university—and I know President Choue hopes you came to university—for something else.

You came here to begin to learn about how to interpret human nature. This is why universities were established in the first place. The overall idea of acquiring knowledge is not a new or Western or Christian one. So many of the great cultures of the past, the Confucian, the Jewish, the Greco–Roman, have revered and emphasized the importance of education, for its own sake. Yet education was not traditionally meant only to nourish the individual mind, but to help us understand our bewildering, complex, yet wonderful world. It was about analytical knowledge, which is the element that distinguishes the human species from all other species on this planet. Elephants do not study foreign languages; sheep do not do computing; fish do not write philosophy books; hawks do not record or study history. All of these analytical tools—organizing, counting, understanding—are characteristics of human beings. However, knowledge is not like an apple dangling on the branch of a tree for anyone to reach with ease. It must be transmitted from one generation to another. It must be advanced into the future, and the best way to do so is through that unique institution—the university,—by the people who teach there, and the people who are educated there: in today's case, you.

The first of the modern recognizable universities are actually hundreds of years old: the University of Bologna in Italy, the University of Oxford in England, Jagiellonian University in Krakow in Poland, the University of Salamanca in Spain, Charles University of Prague, Czech Republic. What did they do? They created disciplines: theology, philosophy, logic, mathematics, physics. They invented professors. They esta-blished schools or departments. They created the first syllabi, that is, a body of knowledge to be taught to the students. But most significantly they established the university method of discourse, of controlled experiment, of scholarly argument, of research, careful thought, examination, training—of teaching how to think. This is what all universities from the University of Bologna to Kyung Hee do, or should do.

At first, students will not find it easy. You'll be asked to read an economics text in favor of free markets, and then another economics text in favor of more controlled markets. And you will look to the professor and say, "What is right?" And the professor will look to you, and his answer will be, "You must figure that out and explain why." You will be given readings about absolute pacifism, never going to war and, on the other hand, readings about the need for national defense, and you will ask your professor, "What is correct?" And your professor will say, "You tell me." To get used to answering those hard questions is the greatest gift that a university can give to you—not a new language, not a new software application, but the ability to understand our complicated human condition and our complicated outside world.

# How the University Offers Hope for the Future

Knowledge that is wisely taught and wisely imbibed is a force for good. It matters not whether it is knowledge about history or foreign cultures or human biology or public health or the environment. On the other hand, knowledge that is distorted by prejudice, by inaccuracy and false method, by racist pre-judices and a lack of open analysis is likely to have negative effects. Students like you usually begin university excited, cu-rious, and quite frightened. At least, I was frightened when I went to Newcastle University at the age of 18. It is the task of the university, chiefly of its professors, to respond to students' feelings, to train them how to think better, how to ask the ri-ght questions, how to gather and analyze data, how to put an argument together, how to disti-nguish proper knowledge from fake knowledge. When universities do that well, they have fulfilled the expectations that a society ought to ask of them. Furthermore, when universities do that well, they give hope for the future of humankind.

One hundred years ago, the great British scholar and novelist, H. G. Wells, said that history is a race between education and catastrophe—education and catastrophe. He hoped education would win, but alas, so far it has not. Exactly 100 years ago, in 1910, the incoming classes at Oxford and Cambridge and Paris and Berlin Universities, started their education. Four years later in 1914, they graduated and marched into the First World War. Reason and balance and mutual understanding had been pushed aside by warlike technologies, nationalist and racist thought, and badly embittered, prejudiced knowledge.

It is everyone's duty, and the task of university professors, presidents, deans, students and of all who have received a college education to make sure that we understand our human condition, our uncertainties, our weaknesses and our strengths much better in the twenty-first century. Our future and the futures of our successors depend upon it. The future of humankind does rest upon education, more than upon anything else.

# Combining Humanistic Education and Practical Education

Student Good afternoon. My name is Yung-Mi Kim. I will be majoring in hotel management in the College of Hotel Management and Tourism. The Korean college education system emphasizes practicality. In other words, it seems to emphasize only the aspects of education that are important for employment. So, sometimes it feels like college is just a preparatory course for gaining employment later on. I wonder what is the case for U.S. universities, and what your thoughts are, Professor Kennedy, regarding such an emphasis in college education.

Paul Kennedy This is a very good question, and it is asked all the time also in the United States. Is education the gathering of knowledge? Is it for practical training for a predictable future job, or is it for the training of the mind? Many of your parents will hope it is for the former—for practical education, so that you will get a job. Many of your parents will be worried if you tell them you are going to major in sociology or history. So the fact is that, across the broad spectrum of higher education, there are many types of institutions, and some of them tend to emphasize the practical training side, and others emphasize the cultural, theoretical side.

But I would say this to someone like you who is taking classes, studying of hotel management and catering: here at Kyung Hee, can have it both ways. Here you can take practical courses towards a degree and diploma in your career trajectory, and you can take diverse courses that focus on research and humanities. Here you can also take advantage of campus culture, which would be missing in a merely hotel management, training institution. Rather than just taking courses toward your degree, you can participate in the lecture series and hear concerts and thereby develop the non-technical aspects of your mind. So think of it this way: Kyung Hee offers everything you want. You've can a technical education, preparation for a job in the future, and a cultural education all in the one place. It's wonderful.

# Combining Humanistic Education and Scientific Education

Student Good afternoon, Professor Kennedy. I am a student in the physics department. My name is Yung-Hyun Park. Your lecture today focused on education and the future of humankind. When it comes to education for the future, do you think it should focus on the hard sciences or the social sciences?

Paul Kennedy This is another terrific question that educators often hear, and we have to make some decisions about it. I' m glad you said "focus on." Focusing on one area does not mean other areas are altogether ignored. Even so, people who have written and thought about university education for hundreds of years have quarreled over this. Should a university education

be limited to the theories and philosophies of great speakers, essayists, and novelists? Or should it be about the advancement of science and medicine and physics?
Sometimes new universities are created. They were in the 19th century because people realized that the industrial revolution had come. Chemists and engineers needed to be trained and if the old universities did not address those needs, other ones would have to. Now the danger there, you can see, is that there comes a division between the sciences, on the one hand, and humanistic study, on the other hand.

Fifty years ago, British scholar and chief scientific adviser to the British government, C.P. Snow gave a series of public lectures titled "The Two Cultures." His topic was separation of scientific culture from a humanistic culture. One danger of this separation, Snow thought, was that the humanists would not understand science. They would become political leaders or business leaders and that they would not know what science was. The other danger would be that, in the scientific field, education would be so narrow, they would not understand politics, or foreign cultures, or international affairs. So he argued for us administrators to come up with various solutions to avoid the gap opening up between science, on the one hand, and the arts and humanities, on the other.

My university tried, and most American colleges do it, by making the first two years of a four-year education rather general. The "distribution requirements" mean that all students have to take a foreign language, among other general education classes. Humanists have to take courses in the sciences, especially designed for humanists. Scientists have to take a number of courses in social sciences or the arts. Then you, for example, begin to specialize in your physics classes in the third year and get even more specialized in your final year—just as my history students begin to specialize more in history in the junior year, the third year, and then much more in the senior year. My history undergraduates come out of Yale having taken a number of courses on science, and science and society. Science students come out having taken a foreign language all the way through and some courses in philosophy, sociology, anthropology, and culture.

So it's a good question you ask, and I spent a lot of time answering. I apologize, but it is a key question for all of us in higher education.

# Balancing Electives and Distribution Requirements

Student Hello. My name is Young-Sun Ume. I am from Kyung Hee International College. It's an honor to meet you today. My question is a lighter one. I am aware that Kyung Hee University is putting a lot of effort into improving and renovating the elective courses that are offered this year. Since you are directly involved in that process, I would like to know how important is the value and the usefulness of the elective courses offered here this year? In which direction do you think the elective courses should be renovated for the best interest of the students?

Paul Kennedy Well, that final sentence leaves you wide open because who judges what the best interests of the students are? Is it the students, or the professors who are devising the curriculum? I would say that there are—in most university subjects, whether humanistic or scientific, but especially on the science side—some courses that are absolutely necessary. They' re obligatory. Now if you' re going to do mathematics, you have to have a course or courses on macroeconomics and microeconomics. The electives come later.

If you' re taking a degree in law, there are some absolutely basic courses you take in law. You might say, "Well, perhaps in literature, it' s not so significant, and they can all be elective courses." But in fact at my university at Yale, we would worry if you took, over your four years, thirty-six elective courses in literature, and all of them were literature of the 20th century.

So we would say, "No, you must take a number of courses in classical literature, in medieval literature, in Shakespeare, in the novel, in poetry, in drama."

Without elective courses, I think university becomes sterile.

Students would not develop their own interests. In old-fashioned military academies, students had to take five specific courses every semester, and everybody took them, and there were no excuses and there were no electives. It was just so boring. That said, students must take care to balance the electives, the classes that really make them curious and express their interests choice. We want you to be curious, we want you to take electives, but you need to balance these out with distribution requirements I talked about, and we need to know that, even in the field where your elective courses are concentrated, you have the broader background, the longer knowledge, the deeper context.

Educators and education planners, like President Choue and the vice-presidents, are always in some tension about what is necessary and what is elective. We always will be. The mind goes in different directions, and that's a good thing. Why would we want minds always to go in one single direction? Thank you.

## About the Lector

Paul M. Kennedy

Dr. Paul Kennedy was born in Great Britain in 1945. He is a professor emeritus of history, the J. Richardson Dilworth Professor of History, and Director of International Security Studies at Yale University. He is also a Fellow of the Royal Historical Society, the American Philosophical Society, and the American Academy of Arts and Sciences. He has been in residence at Kyung Hee University as a Global Eminent Scholar since March 2009.

Dr. Kennedy is internationally known for The Rise and Fall of the Great Powers, first published in 1987. The book, which sparked an intense international debate, forecast the fall of the Soviet Union and the relative decline of the United States by offering a historical analysis of the relationship between the financial deficit and the expansion of military expenditure of the superpowers. His book is a New York Times bestseller and has been translated into over twenty languages. His publications also include From War to Peace(2000)—an analysis of the change in the strategic environments in the twentieth century—, Preparing for the Twenty-First Century(1993), The Rise of the Anglo-German Antagonism, 1860-1914(1980), The Rise and Fall of British Naval Mastery(1976), and The Parliament of Man(2006), which is about the United Nations.

Education and the Future of Humankind

First printed 2011
First published 2011

Edited by Editorial Board for the Miwon Lecture Series
Published by Kyung Hee University Press

Address 1 Hoegi-dong, Dongdaemun-gu, Seoul, Republic of Korea
Tel 82-2-961-0106~7 / Fax 82-2-962-8840
E-mail press@khu.ac.kr
Homepage http://www.khupress.com
Printed in Korea



ISBN 978-89-8222-381-5 03300